AF369590

VENTE
Du Jeudi 22 Juin 190..
HOTEL DROUOT, SALLE N° 11
A 2 HEURES 1/2

OBJETS D'ART

ET

D'AMEUBLEMENT

Curiosités de l'Extrême-Orient

TABLEAUX, GRAVURES, MINIATURES

COMMISSAIRE - PRISEUR
Mᵉ RENÉ LYON

EXPERT
M. H. LEROUX

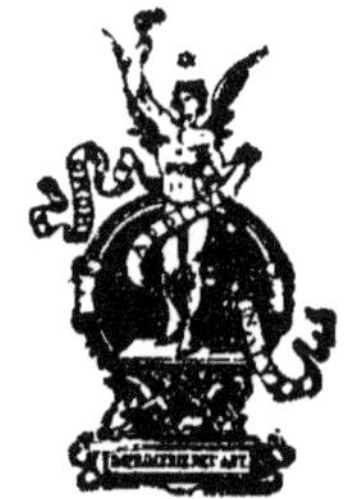

CATALOGUE

DES

OBJETS D'ART

ET D'AMEUBLEMENT

Chambre à coucher, de style Louis XV, en noyer sculpté

Piano de SOUFFLETOT

Chambre à coucher sculptée et laquée Style Henri II,
Buffet-dressoir, Table, Banquette de Piano,
Étagère et Sièges modern style et autres, Lit, Glaces, etc., etc.

BEAUX MEUBLES DES STYLES LOUIS XV et LOUIS XVI

EN MARQUETERIE, ORNÉS DE BRONZES

Bureaux, Vitrines, Tables de milieu, Consoles, Poudreuse,
Tables à ouvrage, etc., etc.

SIÈGES DE SALON ET AUTRES, SCULPTÉS ET GARNIS EN SOIE

Bergères, Paravents brodés, etc., etc.

BRONZES D'ART, MARBRES, TERRES CUITES

Pendule et Groupe en bronze de DENIÈRE

Statues, Statuettes, Groupes en marbre et en bronze,
Lustres et Appareils d'éclairage à l'électricité, Candélabres, Appliques,
Pendules de l'Empire et de Style Louis XVI, Cartel,

PORCELAINES DE SÈVRES

CURIOSITÉS DE L'EXTRÊME-ORIENT

Tableaux, Gravures, Bijoux en or, Brillants et Perles fines de couleurs,
Miniatures, Objets de Vitrine, etc., etc.

TAPIS D'ORIENT, RIDEAUX, TENTURES

DONT LA VENTE AURA LIEU

HOTEL DROUOT, SALLE N° 11

LE JEUDI 22 JUIN 1905

à deux heures 1/2

COMMISSAIRE-PRISEUR	EXPERTS
Mᶜ RENÉ LYON	**M. H. LEROUX**
29, rue Le Peletier	29, rue Le Peletier

EXPOSITION PUBLIQUE

Le Mercredi 21 Juin 1905, de deux heures à six heures

CONDITIONS DE LA VENTE

Elle sera faite au comptant.

Les acquéreurs paieront *dix pour cent* en sus des enchères.

Paris. — Imp. de l'Art, E. MOREAU ET Cⁱᵉ, 41, rue de la Victoire.

DÉSIGNATION

MEUBLES

1 — Bel ameublement de chambre à coucher, de style Louis XV, en bois sculpté et ciré, composé d'une grande armoire à glace galbée, d'un lit de milieu et d'une table de nuit.

2 — Commode, de style Louis XVI, en acajou ciré, ornée de bronzes.

3 — Bureau plat, de style Louis XV, en bois de rose, orné de bronzes ciselés et dorés.

4 — Toilette poudreuse, de style Louis XVI, en marqueterie de bois de rose, ornée de bronzes.

5 — Bureau à cylindre, style Louis XVI, en acajou ciré, orné de bronzes ciselés et dorés.

6 — Ameublement de salon, de style Louis XIV, composé de : un canapé, quatre fauteuils et quatre chaises garnis en soie.

7 — Quatre fauteuils, de style Louis XV, bois dorés, recouverts en tapisserie d'Aubusson.

8 — Ameublement de chambre à coucher, de style Henri II, en bois sculpté et laqué blanc, comprenant : une armoire et trois portes à glaces biseautées, un lit de milieu et table de nuit.

9 — Piano de Souffletot.

10 — Deux chaises, de style Louis XV, garnies en tapisserie d'Aubusson.

11 — Console, de style Louis XVI, en bois sculpté et doré, à dessus de marbre.

12 — Vitrine à deux corps en acajou, à filets de cuivre. Style Louis XVI.

13 — Table en noyer, de style Henri II.

14 — Très belle vitrine, de style Louis XVI, en bois de violette et bois de rose, ornée de bronzes ciselés et dorés.

15 — Canapé et deux chaises en noyer sculpté, style Louis XVI, garnis en étoffe brochée de même style.

16 — Table ronde, bois sculpté et doré, style Louis XVI, à dessus de marbre.

17 — Table à ouvrage en marqueterie de bois, style Louis XV, ornée de bronzes.

18 — Deux bergères en bois sculpté, garnies en soie brochée. Style Louis XV.

19 — Buffet-dressoir en noyer, modern style.

20 — Table en chêne, modern style.

21 — Banquette de piano, modern style.

22 — Étagère en acajou, modern style.

23 — Fauteuil garni en cuir.

24 — Fauteuil garni en panne bleue.

25 — Table de milieu en bois de violette et acajou, ornée de bronzes. Style Louis XV.

26 — Six chaises en acajou, ornées de bronzes. Style Louis XVI.

27 — Petite table carrée, bois sculpté et doré, à dessus de marbre. Style Louis XV.

28 — Chaise-longue, bois sculpté et doré, style Louis XV, fond de canne dorée.

29 — Deux bergères en bois sculpté, laquées et cannées. Style Louis XVI.

30 — Lit de milieu en cuivre.

31 — Petite console, bois sculpté, peint en blanc. Style Louis XVI.

32 — Etagère sculptée et cannée, style Louis XVI, à dessus de marbre.

33 — Console, de style Louis XV, sculptée et laquée, à dessus de marbre.

34 — Bureau plat, en bois de violette et bois de rose, orné de bronzes. Style Louis XVI.

35 — Paravent japonais en satin noir richement brodé de fleurs et d'oiseaux.

36 — Paravent japonais en satin rouge brodé en soie.

37 — Grande glace, cadre doré. Style Louis XV.

38 — Deux colonnes en marbre vert de mer, avec bases et chapiteaux en bronze.

39 — Vitrine, à deux portes, en acajou orné de cuivres. Style Louis XVI.

40 — Table, de style Louis XVI, en acajou, ornée de bronzes.

41 — Table-console, laquée blanc et or, avec glace.

42 — Fauteuil de bureau sculpté, garni en cuir.

43 — Lit Louis XV, sculpté, garni en étoffe.

44 — Table-bijoutière ornée de cuivres. Style Louis XVI.

45 — Bahut à étagère.

46 — Table à thé, laquée et ornée de peintures à fleurs.

47 — Table à thé, laquée blanc.

48 — Bureau en acajou, à coins ronds, orné de cuivres. Style Louis XVI.

OBJETS D'ART

CURIOSITÉS, TABLEAUX

49 — Baigneuse, statuette en marbre de Carrare, d'après FALCONET.

50 — Psyché et l'Amour, groupe en marbre de Carrare, par RODIER

51 — Amour vaincu, statuette en marbre de Carrare, par DELAVIGNE.

52 — Baigneuse, statuette en marbre, fleur de pêcher, par ROHART.

53 — Vase en porcelaine de la Manufacture de Sèvres.

54 — Lampe en bronze à l'électricité.

55 — La Peinture, statuette en bronze, par AUBER.

56 — Paire de vases en marbre vert de mer, ornés de bronzes ciselés et dorés. Style Louis XV.

57 — Paire de lampes en porcelaine du Japon, monture en bronze ciselé. Style Louis XVI.

58 — Cartel lyre en bronze. Style Louis XVI.

59 — Lampe à l'électricite, formée d'une statuette en bronze ciselé et doré : L'Eclair.

60 — La Science, statuette en bronze de DENIÈRE.

61 — Pendule, forme gaine, en bronze ciselé et
doré et bronze patiné, de DENIÈRE.

62 — Paire d'importants candélabres en bronze à
neuf lumières, supportées par des figures : Faune
et bacchante, bronze patiné, d'après CLODION.

63 — La Vendange, groupe en bronze, par Ch. LE-
BORG.

64 — Paire de vases en marbre onyx, ornés de
bronzes. Style Louis XVI.

65 — Coquette, buste en bronze doré, d'après
CLODION.

66 — Enfant à la coquille, statuette en bronze,
d'après CLODION.

67 — Pendule, forme vase, à anses à têtes de bé-
liers et enroulements de serpents.

68 — Paire d'appliques en bronze doré, de style
Empire : Enfants supportant des bouquets de
lumières.

69 — Paire de petites appliques, à médaillons et à
deux lumières. Style Louis XVI.

70 — Napoléon Ier, statuette en bronze.

71 — La Marchande de plaisir, statuette en bronze,
par BELIN.

72 — Buste de femme, de style Louis XVI, en
marbre de Castellina.

73 — Bacchante, buste en marbre de Castellina, par de BELLET.

74 — Diane, buste en marbre de Castellina, par ADOLPHY.

75 — Égyptienne, buste en marbre de Castellina, par ADOLPHY.

76 — Petit buste : Coquette, en marbre de Castellina, sur socle en marbre vert de mer.

77 — Nègre, statuette en terre cuite décorée. Édition GOLDSCHEIDER.

78 — La Vague, groupe en bronze et marbre onyx, par Camille CLAUDEL.

79 — Lustre en bronze, à l'électricité.

80 — Paire de vases en faïence italienne, décorés de figures en relief.

81 — Beau brûle-parfums en faïence de Satzuma, à nombreux personnages, sur fond or.

82 — Paire de vases, de forme balustre carré, en porcelaine de Chine, décor représentant des scènes d'intérieur et figures en haut-relief.

83 — Corne, montée en bronze.

84 — Jardinière en cuivre gravé, à personnages. Travail persan.

85 — Satyres, groupe en bronze, d'après CLODION.

86 — Paire de candélabres en bronze, style Louis XVI, supportés par des cariatides.

87 — Madame Élisabeth, buste en bronze, sur socle en marbre.

88 — Madame de Lamballe, buste en bronze, sur socle en marbre.

89 — La Jeunesse, groupe en bronze, par Mathurin MOREAU.

90 — Paire de bras-appliques, à trois lumières, en bronze. Style Louis XVI.

91 — Esclave, statuette en bronze, d'après MICHEL ANGE.

92 — Pendule en bronze ciselé et doré, époque du premier Empire, sujet : Alcibiade.

93 — Coquetterie, statuette en bronze, par CHOPPIN.

94 — Volontaire, statuette en bronze, par CHOPPIN.

95 — Fût de colonne en marbre.

96 — Fusil de chasse Hammerless, calibre 16.

97 — Petite pendule, bronze doré de l'Empire.

98 — Paire de candélabres en bronze, style Empire, formés par des enfants.

99 — Le Penseur, statuette en bronze, d'après MICHEL-ANGE.

100 — Vase en bronze de la Chine, décoré d'émaux champlevés.

101 — Deux lampes électriques formées par des groupes : Pastorales, en biscuit de Saxe et bronze. (Sera divisé.)

102 — Pendule en bronze doré, style Empire : le Char de l'Amour.

103 — Deux plats en ancienne faïence de Delft, décor polychrome.

104 — Plat en ancienne faïence de Delft, décor bleu.

105 — Trois plats en faïence, décor Rouen : polychrome.

106 — Plat en faïence, décor de fleurs.

107 — Cinq plats et assiettes, faïence et porcelaine, décorés à sujets et armoiries.

108 — Paire de grandes appliques en bronze ciselé et doré, de style Louis XV.

109 — Pendule, marbre et bronze, de style Louis XVI, à figure de femme, d'après FALCONET.

110 — Lustre à l'électricité en bronze et cristaux.

111 — Paire de bras-appliques, style Louis XVI, forme carquois.

112 — Paire de cornets en porcelaine de Chine, décor à personnages en bleu sur fond blanc.

113 — Paire de vases en porcelaine de Chine, décor de fleurs, personnages et oiseaux en polychrome, etc.

114 — Guerrier, statuette en bois sculpté, peint et doré. Travail chinois.

115 — Paire de vases en grès émaillé vert, décor de fleurs en relief.

116 — Paire de vases en porcelaine de Chine, fond blanc, richement décorés du Kilin de fleurs et d'oiseaux en émaux polychromes.

117 — Paire de petits vases en porcelaine de Chine, décor de fleurs en émaux verts et roses.

118 — Jardinière en porcelaine de Chine, émail haricot flambé.

119 — Pagode en laque noir, renfermant une statuette de Boudha, en bois sculpté et doré.

120 — Deux petites potiches en émail cloisonné du Japon.

121 — Bonbonnière en émail cloisonné du Japon.

122 — Paire de petits vases en faïence de Satzuma, décor à personnages.

123 — Paire de vases plus petits, décor analogue aux précédents.

124 — Paire de petits vases en porcelaine de Kaga, décor à personnages et paysages.

125 — Chèvre en antimoine.

126 — Faucon en antimoine.

127 — Chimère, formant flambeau, en antimoine.

128 — Paire de grands vases en émail cloisonné du Japon, fond rouge, décor à palmettes.

129 — Paire de petits vases en émail cloisonné du Japon, fond noir, décor polychrome.

130 — Grande jardinière en émail cloisonné du Japon, fond bleu et aventurine, ornements en polychrome.

131 — Petite jardinière en émail cloisonné du Japon, fond aventuriné, décor polychrome.

132 — Poisson en porcelaine blanc de Chine.

133 — Brûle-parfums en bronze japonais, décor d'oiseaux en relief.

134 — Paire de vases en bronze japonais, décor d'oiseaux et fleurs en relief.

135 — Faucon en faïence d'Awata.

136 — Divinité en porcelaine de Chine.

137 — Gong orné de peintures.

138 — Jardinière en porcelaine de Chine, décor de paysages en bleu sur fond blanc.

139 — Glace à main en bronze doré.

140 — Tapis d'Orient, fond brique. $5^m,50 \times 4^m,25$.

141 — Tapis d'Orient, fond rose. $3^m,53 \times 2^m,58$.

142 — Tenture en toile imprimée persane.

143 — Treize rideaux et stores.

144 — ANTONY-SERRES. L'Orage.

145 — BEAUQUESNE. Artilleurs. Épisode de la guerre de 1870.

146 — DUVAL-GOZLAN. Paysage.

147 — GINAIN EUGÈNE (1818). Une revue sous Louis-Philippe.

148 — VERON. Paysage.

149 — ECOLE FRANÇAISE. Suzanne au bain.

150 — ECOLE FRANÇAISE. Tête de jeune fille.

151 — Le Départ du pêcheur, gravure en couleurs par Barney, d'après F. WEATLY.

152 — Le Retour du pêcheur, gravure en couleurs par Barney, d'après F. WEATLY.

153 — Lot de gravures en noir. (Sera divisé).

BIJOUX

154 — Boutons de chemise, perles fines montées sur or.

155 — Chaîne sautoir en or avec coulant, chimère ornée de rubis et saphir.

156 — Montre-remontoir de dame en or, boîtier orné de diamants.

157 — Deux boucles d'oreille en or, brillant entouré de roses.

158 — Épingle de cravate en or et platine, quatre perles fines avec brillant au centre.

159 — Bague en or ornée d'un saphir entouré de diamants.

160 — Bague en or ornée d'une opale entourée de diamants.

161 — Bague en or et platine ornée d'une turquoise entourée de diamants.

162 — Bague en or, éventail ornée de rubis, brillant et roses.

163 — Bague en or, rivière trois rubis et diamants.

164 — Marquise en or, émeraude et diamants.

165 — Aumônière, argent-vermeil.

IVOIRES JAPONAIS

MINIATURES, OBJETS DE VITRINE

166 — Pêcheurs de grenouilles, statuette.

167 — Fabricant de masques, statuette.

168 — Marchand de poissons, statuette.

169 — Jardinier, statuette.

170 — Retour du marché, statuette.

171 — Jonque de pêcheurs, avec nombreux petits personnages.

172 — Personnage portant un singe.

173 — Six netzukés.

174 — Miniature ovale sur ivoire : la Dame au manchon.

175 — Miniature ronde sur ivoire : Jeune femme en costume Louis XVI.

176 — Miniature ronde sur ivoire : Jeune femme coiffée d'un chapeau.

177 — Importante miniature sur ivoire : Portrait de jeune femme.

178 — Sous ce numéro, seront vendus les objets omis au Catalogue.